AF332003

PRÉCIS

HISTORIQUE

DE LA RÉVOLUTION,

ADRESSÉ

AUX REPRÉSENTANS

DU PEUPLE

EN CHAMP DE MAI.

PARIS,

IMPRIMERIE DE J.-L. SCHERFF, PASSAGE DU CAIRE.

1815.

PRÉCIS HISTORIQUE

DE

LA RÉVOLUTION,

ADRESSÉ

AUX REPRÉSENTANS DU PEUPLE

EN CHAMP DE MAI.

Depuis la révolution, l'intérêt des factions gouverne notre malheureux pays ; personne n'a abordé franchement la question sur les évènemens politiques, et l'expérience du passé n'a pas même servi de leçon pour l'avenir : notre belle patrie est encore livrée aux déchiremens de la guerre civile et étrangère. Français qui représentez votre nation, que faites-vous ? N'êtes-vous pas responsables envers elle de tous les maux qui la menacent ? N'imiterez-vous pas le dévouement de l'assemblée constituante, qui, toute entière aux intérêts de l'Etat, sut résister à l'autorité, dont elle aurait brisé l'instrument, s'il eût été un obstacle au bonheur de la France ? Un pareil exemple ne vous indique-t-il pas le moyen de résoudre ce grand problême politique qui désole l'Europe ? Interrogez donc vos lumières, surtout le vœu de vos concitoyens, alors vous marcherez au véritable but, celui d'empêcher l'effusion du sang.

Rappelez-vous des causes qui amenèrent la révolution et de ses effets ; vous y verrez les Français constamment dominés par une minorité factieuse, et supporter tous les malheurs qu'accompagnent la crainte et la faiblesse.

En 1788, le gouvernement, effrayé de la dette publique, proposa deux impôts, qui furent rejetés par ces privilégiés accoutumés à l'orgueil et à la domination. Cette résistance coupable fit appeler les notables, qui proposèrent les états-généraux. Le roi accueillit cette demande, et la France envoya ses représentans avec des instructions. Il y eut d'abord quelques combats d'amour-propre et de vanité entre les trois corps de l'Etat, mais enfin ils s'entendirent et se réunirent en assemblée constituante : leurs premières séances furent orageuses ; ils donnèrent de l'inquiétude au gouvernement, qui résolut de les dissoudre. Ce fut alors que le tiers-état se prononça : il prit une attitude fière, imposante ; appuyé par sa force morale et les dispositions de sa garde, il montra une noble fermeté.

Ce fut après cette scène touchante, que l'assemblée, malgré quelques germes de discorde, s'occupa véritablement des grands intérêts de la nation : le peuple, qui lui avait confié ses plus chères espérances, attendait non-seulement la restauration des finances, mais encore la réforme des abus.

Une année s'écoula sans de grands résultats ; la faction d'Orléans ne garda plus de réserve : tous les trésors de ce conspirateur étaient distribués à ses chefs de parti ; la canaille était soudoyée, et la dynastie régnante menacée. Cependant il fallut céder au besoin d'une constitution ; on nous donna celle de 1791, et nous eûmes deux pouvoirs distincts, les pouvoirs législatif et exécutif.

Tous les départemens envoyèrent des représentans pour former une fédération générale au Champ-de-Mars. C'est là que le peuple français et le roi constitutionnel acceptèrent le nouveau code qui devait nous régir ; tous les sentimens qui lient une nation généreuse s'exprimèrent avec enthousiasme, et les Romains ne furent jamais ni plus beaux ni plus intéressans pour l'histoire.

L'assemblée constituante remit l'exécution de ses lois au monarque ; elle appela la législature qui devait s'occuper de leur complément. Pour ce grand objet, il fallait le concours des deux autorités, et surtout observer cette fidélité à la constitution qu'on avait juré de maintenir ; mais au contraire, animée par de faux principes, elle se rallia à la faction qui devint dominante ; elle comprima la voix de ses collègues les plus éclairés et les plus vertueux ; elle jeta l'alarme parmi tous les bons citoyens, en avilissant le souverain qu'elle dénonçait sans cesse sous les prétextes les plus misérables ; elle détruisit insensiblement nos institutions, et du milieu de ce chaos, des lois innombrables, incohérentes, nous mirent dans une horrible confusion. Enfin, le palais de cette assemblée tumultueuse devint plutôt le foyer de l'anarchie que celui de la législation.

En effet, le roi fut insulté dans son palais, traduit devant cet aréopage et traîné dans les prisons du Temple. Ce fut ainsi que se termina la session de ces hommes qui devaient faire le bonheur de la France et qui en détruisirent tous les élémens. Ils convoquèrent d'autres représentans, qui prirent le titre de convention nationale, et retournèrent dans leurs départemens, où ils aiguisèrent les instrumens de mort dont se servirent leurs dignes successeurs.

Cette nouvelle puissance, appelée à réparer de grands désastres, marcha sur les mêmes traces ; elle fut plus criminelle encore ; le nombre des malveillans s'augmenta, les jacobins dominèrent entièrement, et d'Orléans, doutant de ses succès, craignit pour lui-même.

Le premier soin de cette assemblée fut de s'occuper du roi ; elle se chargea du monstrueux pouvoir de l'accuser, de le juger, et malgré son inviolabilité et l'insuffisance des votes, elle l'envoya à la mort. O jour mémorable dans l'histoire ! ô monstres dégoûtans du sang de votre souverain ! que de malheurs vous avez attirés sur votre pays ! pouvez-vous en être les témoins, sans frémir et sans dire : C'est notre ouvrage ! Mais, non, ce n'est pas assez pour vous, il faut que notre belle patrie soit ravagée pour une poignée de brigands dévorés de remords et d'inquiétudes, je dis d'inquiétudes, car le crime ne reste jamais impuni.

Au milieu de l'agitation, le gouvernement monarchique fut donc abattu. On décréta la république, et on nous donna une nouvelle constitution. Avec de pareils élémens, que fallait-il espérer? Ces tyrans, éclairés par les passions et voulant tout soumettre à leur domination, jetèrent un voile sur les lois conservatrices ; le systême des dénonciations se perfectionna, et par une faiblesse inouie, la majorité céda encore une fois à la minorité, toujours plus audacieuse, qui nous donna le gouvernement révolutionnaire. Alors, plus de principes, plus de mesures; tous les citoyens honnêtes furent soumis au caprice de ces hommes de sang qui se disputaient, entre eux, le pouvoir ; les échafauds furent en permanence, les députés eux-mêmes, ces grands orateurs, ces républicains, si fiers quand ils déposaient leur souverain, s'y laissèrent traîner comme des esclaves, et cependant ils osaient prétendre à la dignité romaine : enfin, la Providence permit que le chef de ces rebelles fût dénoncé par les siens, et d'Orléans fut décapité. Alors les proscriptions n'épargnèrent aucune classe ; elles surpassèrent celles de Marius et de Sylla : on fit périr les hommes les plus recommandables de la société, et on vit même ces cannibales se dévorer entre eux.

Ces jours de deuil durèrent jusqu'au 9 thermidor, époque où le tyran Robespierre, le plus cruel que la terre ait produit, expira sur un échafaud avec plusieurs de ses complices.

La France sortit enfin de son tombeau ; la vertu, si longtems outragée, put trouver un asile ; les représentans, échappés du naufrage, proposèrent une constitution nouvelle, dont on confia l'exécution à deux chambres et au directoire.

A cette époque, il régnait en France une grande liberté : semblables à ces esclaves longtems enchaînés, nous donnions un libre essor à nos pensées ; la convention fit place aux autorités qui devaient lui succéder et qui s'organisèrent. Mais, ô fatalité attachée

à nos assemblées ! toujours de nouvelles dis-
cordes, elles cessèrent de s'entendre, et le
18 fructidor arriva : cet acte de puissance
directoriale et les massacres de nos députés
à Rastadt changèrent l'opinion ; la représen-
tation nationale gémissait sous le joug des
directeurs, qui se décimèrent entre eux, et
tout annonçait encore une prochaine disso-
lution.

Notre situation exigeait alors, comme à
présent, des moyens extraordinaires, la re-
nommée désignait deux grands capitaines
pour les diriger ; le directoire fit choix de
Bonaparte, et le rappela d'Egypte. Toutes
les espérances se rattachèrent à lui. Son premier bienfait fut de chasser ces prédicateurs
d'anarchie qui, par leurs théories politiques,
égarent les peuples sans les instruire : il fit
nommer une commission prise dans le con-
seil des anciens, pour travailler à un projet
de constitution, et on nous donna le consu-
lat. Bonaparte fut nommé premier consul ;
le sénat, dépositaire et conservateur des lois
de l'Etat, le tribunat, chargé de défendre les
intérêts du peuple, et le corps législatif, de
la législation. Les essais de ce gouvernement

furent d'abord paternels ; la France fut res-
pectée au-dedans comme au-dehors ; les lois
étaient fidèlement observées ; les plaies de la
révolution commençaient à se cicatriser ;
mais craignant de perdre son autorité, le
chef de l'Etat voulut être consul à vie ; il le
fut sans résistance. Ce premier élan de l'ambition devait donner l'éveil aux trois corps
de l'Etat et rappeler leur énergie ; mais l'in-
fluence des richesses et des honneurs fut
au-dessus de la patrie, et le despote fut bien-
tôt élevé à la dignité impériale.

Alors, maître absolu, il dédaigna les idées
libérales ; il forma une cour asiatique ; il
chassa les tribuns, paralysa les autres pouvoirs et menaça de la proscription ceux qui
avaient osé élever la voix : aussi a-t-on vu,
dans ces tems d'adulation, des discours que
des esclaves oseraient à peine avouer, et qui
seront des monumens de honte pour leurs
auteurs.

Vous voyez donc Bonaparte, naguère pro-
tecteur de la liberté publique, la ravir aux
Français. Dominé par l'ambition, il marche
contre les rois, même contre ses alliés. Il
recourt à des moyens barbares pour faire

assassiner le rejeton d'une famille chère à la France ; sous des dehors perfides, il chasse du trône le roi d'Espagne, son plus fidèle appui ; il répand des flots de sang pour assurer cette usurpation en faveur de son frère, mais il trouve une nation fière et belliqueuse qui le repousse de son sein : ce n'est pas assez, il dévore notre population par les guerres les plus absurdes ; il nous ôte l'espoir consolant de conserver nos enfans ; il les traîne jusqu'aux mers glaciales pour servir ses projets insensés ; par - tout il se sauve, par-tout ils périssent : enfin il dispute le pouvoir au chef de la religion ; il le proscrit, l'enferme, et finit par attirer sur lui la malédiction de tous les peuples.

Alors, l'Europe fatiguée de ses brigandages et de sa déloyauté se coalise contre lui, il succombe ; mais, trop généreux, les alliés lui pardonnent, lui conservent la vie, reçoivent son abdication solennelle , et lui donnent l'île d'Elbe pour souveraineté. Cette noble conduite semblait fixer son sort et le nôtre, mais au lieu de nous oublier, il médite de nouveaux crimes ; sans égard pour un peuple qui l'a élevé à la plus haute dignité, il nous apporte une nouvelle pomme de discorde; à l'aide d'une conspiration jusqu'alors inconnue chez les peuples civilisés, il vient dépouiller le monarque légitime qui nous avait donné la paix et réconcilié avec l'Europe; il nous livre aux horreurs de la guerre civile et étrangère; il divise les familles, les amis; la tyrannie perce toujours à travers ses mensonges hypocrites, et cependant voilà le chef qu'on voudrait nous imposer! Quand même on pourrait croire à sa conversion, la politique, la raison et la justice ne doivent-elles pas le proscrire de notre sein? Pouvons-nous exister sans la considération et l'alliance de l'Europe, et lorsqu'elle nous a délivrés de l'ennemi du genre humain, de celui qui fut l'objet de notre exécration, lui offrirons-nous ce même homme en reconnaissance; serons-nous enfin contraires à nous-mêmes? vous ne le pensez pas.

Représantans, lorsque le sang français est prêt à couler, vous ne sacrifierez point un million d'hommes pour un tyran dont les chaînes seraient votre ignominie et la nôtre. Vous le forcerez de retourner à son exil ; vous rappellerez l'armée égarée à ses véritables devoirs ; vous réclamerez la paix et votre roi auprès des alliés, et vous obtiendrez de cette énergie, non-seulement le titre de sauveurs de la France, mais encore une célébrité honorable qni vous placera au premier rang dans les fastes de l'histoire.